PRINCIPIUL LUI PETER

INFORMAȚII CHEIE

- **Denumire:** Principiul lui Peter.

- **Utilizări:** managementul resurselor umane și al performanței, dezvoltarea potențialului uman.

- **De ce are succes?** Succesul său este incert, deoarece depinde de indivizi și de organizații.

- **Cuvinte cheie:**

  - <u>Competență</u>: cunoștințe și know-how necesare pentru o eficiență maximă într-o anumită poziție.

  - <u>Eficiență</u>: sinonim cu excelența, capacitatea unui angajat de a îndeplini anumite sarcini cu resurse limitate (timp, bani etc.).

  - <u>Ierarhia</u>: structura de autoritate în cadrul unei organizații

  - <u>Promovare</u>: numirea unui lucrător la un nivel superior în cadrul unei organizații.

INTRODUCERE

Atunci când se ia în considerare principiul lui Peter, este deosebit de important să se țină seama de faptul că acest model, deși edificator în multe situații, provine dintr-o carte satirică și, prin urmare, trebuie utilizat cu

PRINCIPIUL LUI PETER

Spune NU incompetenței la locul de muncă

50MINUTES.com

PRINCIPIUL LUI PETER

Spune NU incompetenței la locul de muncă

scris de Gabriel Verboomen
tradus de Alina Dobre

prudență atunci când se stabilesc fapte științifice. În contextul unor ierarhii din ce în ce mai puternice în cadrul organizațiilor, se pune problema promovării interne. Competența unui angajat ar trebui să fie criteriul dominant pentru a determina ascensiunea ierarhică? Cum poate fi măsurat acest nivel de competență? Un angajat eficient este în mod necesar un bun organizator?

 ## DEFINIREA MODELULUI

Principiul lui Peter afirmă că, dacă un angajat lucrează eficient la un anumit nivel ierarhic, el va fi promovat la nivelul imediat superior și așa mai departe, până când ajunge la nivelul la care este ineficient. Dacă acesta nu poate fi retrogradat, înseamnă că toate structurile evoluează în mod natural spre un echilibru de mai mare ineficiență.

Deși, la prima vedere, principiul poate părea absurd, el ridică unele probleme în ceea ce privește managementul resurselor umane. Cine ar trebui să fie promovat pentru binele individului și al companiei? Și în ce condiții ar trebui să se facă acest lucru pentru a crește eficiența generală?

TEORIE

LAURENCE JOHNSON PETER
(EDUCATOR ȘI PSIHOLOG CANADIAN, 1919-1990)

După ce a absolvit în 1958 Western Washington State College, Laurence J. Peter, originar din Vancouver, a devenit rapid profesor, urmând în același timp studii de psihologie și științele educației, în cadrul cărora a obținut un doctorat în 1963. Apoi a condus Centrul Evelyn Frieden și a acționat ca consilier pentru programele care au întâmpinat dificultăți la Universitatea din California de Sud în 1966.

Prima sa carte, *Prescriptive Teaching*, a fost publicată în 1965, dar nu a devenit cunoscut decât după publicarea cărții *The Peter Principle* (1969), scrisă în colaborare cu Raymond Hull (scriitor canadian, 1919-1985).

IPOTEZELE PRINCIPIULUI LUI PETER

Principiul lui Peter, la fel ca toate modelele economice, se bazează pe ipoteze pe care este util să le investigăm. Dacă ne uităm doar la cele mai importante, acestea include (dar nu se limitează la):

- Structura ierarhică a unei companii are, în mod natural, forma unei piramide. Această vedere simplificată arată nivelurile ierarhice strict definite: lucrătorii de bază sunt conduși de câțiva manageri, care la rândul lor sunt conduși de un număr și mai mic de directori superiori și așa mai departe.

- Posturile de lucru sunt rigide și includ sarcini prestabilite: lucrătorul desemnat pentru un post îndeplinește un anumit număr de sarcini. Dacă nu reușește să facă munca așteptată, aceasta pur și simplu nu va fi efectuată. Dacă reușește, nu i se vor da alte sarcini. În acest sens, rețineți însă că aceste descrieri structurale datează de la o anumită dată, iar în prezent, companiile sunt organizații mult mai flexibile, care lucrează pe bază de proiect sau de rețea, de exemplu.

- Cea mai puternică și mai controversată ipoteză este cea pe care cartea o numește "ipoteza Peter". Nivelul de competență necesar pentru o poziție ierarhică superioară este complet independent de competența necesară pentru o poziție ierarhic inferioară. Dacă un angajat este cel mai potrivit pentru un post și este promovat la un nivel superior, nivelul său de competență după această promovare este complet imprevizibil.

Potrivit lui Jean-Paul Delahaye (informatician și matematician francez, născut în 1952), dacă acceptăm aceste ipoteze simpliste, presupunem în mod logic că toate promovările au tendința de a reduce performanța unui angajat datorită a două efecte:

- **Efectul clichet:** revenirea este imposibilă, deoarece un angajat nu poate fi retrogradat. Dacă este competitiv, el va continua să urce pe scara ierarhică și nu va rămâne într-o poziţie în care este eficient. Mişcarea va continua efectiv până când va ajunge la un nivel prea înalt, în care nu mai este eficient. Angajatul este atunci blocat la acest nivel şi nu poate fi retrogradat şi nici nu poate continua să urce.

- **Efectul statistic de regresie spre medie (al principiului distribuţiei statistice):** în timpul unui eveniment aleatoriu, "normal", probabilitatea de a obţine un rezultat apropiat de medie este mai mare decât cea de a obţine un rezultat foarte mare sau foarte mic. Astfel, întreprinderea care are norocul de a se putea baza pe un angajat cu o competenţă mult peste medie şi care decide să îi schimbe postul, determină din nou competenţa angajatului cu şanse mari de a obţine un rezultat mediu.

În spatele ipotezelor Principiului lui Peter se află un adevăr incomod: în timp, fiecare poziţie este din ce în ce mai probabil să fie ocupată de un angajat incompetent, în timp ce cu cât o poziţie este mai sus în ierarhie, cu atât este mai importantă pentru performanţa generală a structurii. Acest lucru nu înseamnă că baza piramidei este mai puţin esenţială pentru buna funcţionare a afacerii decât vârful acesteia, ci dimpotrivă, este chiar invers. Pur şi simplu, dacă acceptăm structura piramidală şi acordăm o importanţă egală fiecărui nivel, o poziţie are o importanţă mai mare pentru performanţa globală atunci când există mai puţine poziţii în cadrul acelui nivel. De exemplu, dacă există doi manageri pentru cinci angajaţi, competenţa individuală a managerului reprezintă 50% din performanţa nivelului său ierarhic, în timp ce performanța individuală a fiecărui angajat reprezintă doar 20%.

În ipotezele principiului lui Peter, în special cea a efectului de clichet, pare clar că "fiecare angajat tinde să se ridice la nivelul său de incompetență", astfel încât echilibrul natural al unei structuri este ca fiecare poziție să fie ocupată de cineva care nu poate suporta responsabilitățile.

ANGAJAȚII INCOMPETENȚI

Acest principiu a fost conceput de Laurence J. Peter ca parte a unei științe complete a organizațiilor pe care a numit-o "ierarhologie".

Acesta încearcă să ofere aplicații concrete și confruntă modelul său cu realitatea organizațiilor pe care le-a observat. Desigur, el notează excepțiile de la principiu. De exemplu, cei mai competenți nu sunt întotdeauna promovați. El evidențiază mai multe cazuri în care angajații incompetenți sunt promovați și explică de ce.

- **Sublimarea puternică sau pseudo-dezvoltarea:** această strategie, care promovează un angajat incompetent la un nivel superior, servește în principal la menținerea speranței tuturor celorlalți care cred că și ei ar putea fi promovați într-o zi. Acest lucru este periculos, deoarece este doar o iluzie pentru persoanele care nu fac parte din ierarhie.

- **Arabescul lateral:** promovează un angajat incompetent pe un post nou, inutil, cu un titlu mai mare, pentru a limita pagubele pe care le poate provoca în postul actual.

- **Inversarea lui Peter:** în acest caz, promovarea unui angajat incompetent se datorează mai degrabă respectării de către acesta a standardelor impuse de ierarhie decât eficienţei sale. Efectul final şi mijloacele sunt inversate, deoarece standardele există pentru a creşte productivitatea şi acordă la fel de multă valoare respectării standardelor ca şi productivităţii.

- **Defrişarea ierarhică:** pentru a evita ca lucrătorii să perceapă absurditatea sistemului şi să decidă să nu se conformeze, compania favorizează promovarea unui angajat incompetent.

SEMNELE ULTIMEI POZIŢII

Potrivit lui Peter, semnele de incompetenţă, sau semnele de ascundere a incompetenţei faţă de ceilalţi şi faţă de sine, sunt uşor de detectat. Acestea se numesc "semnele ultimei poziţii": cu toate acestea, ele dau iluzia unei împliniri profesionale.

- **Clasofilia:** de la cuvântul grecesc "classis" (care înseamnă "categorie" sau "clasă"), aceasta este o obsesie inutilă pentru clasificare pentru a da (ei înşişi) iluzia că fac o muncă importantă.

- **Gigantismul tabula rasa:** se referă la angajatul incompetent care îşi doreşte cel mai mare birou.

- **Papiromania:** de la cuvântul grecesc "Papyros" ("hârtie") şi cuvântul latin "mania" ("nebunie" sau "obsesie"), acesta este un semn al unui angajat incompetent care îngrămădeşte hârtii – de unde şi aparenta dezordine – pe biroul său pentru a da impresia că este extrem de ocupat.

- **Papirofobia:** de la cuvintele greceşti "papyros" ("hârtie") şi "phobos" ("fobie"), este un semn al unui angajat incompetent care nu poate tolera nicio hârtie în spaţiul de lucru. Dacă biroul este organizat, colegii, superiorii şi poate chiar angajatul însuşi vor crede că munca se desfăşoară eficient.

- **Phonophilia:** de la cuvintele greceşti "phone" ("voce") şi "philos" ("prieten"), acesta este un semn de incompetenţă care presupune blamarea lipsei de contact cu colegii şi subordonaţii şi instalarea mai multor telefoane şi magnetofoane în birou. Întrucât această idee a apărut pentru prima dată în 1969, acest "semn" ar trebui probabil reformulat pe baza tehnologiilor actuale.

- **Rigor Cartis:** de origine latină, indică un interes obsesiv pentru grafice, diagrame şi tabele care dau iluzia de control asupra situaţiilor.

- **Siglomania iniţială:** de la cuvintele latineşti "sigla" (care înseamnă "marcaje" sau "abrevieri") şi "mania" (care înseamnă "nebunie" sau "obsesie"), este un semn în care angajatul incompetent va vorbi folosind iniţiale şi acronime de neînţeles cu personalul neiniţiat, pentru a da impresia de profesionalism. El va complica lucrurile, deoarece îi face plăcere importanţa pe care i-o conferă acest lucru.

- **Structurofilia:** de la cuvântul latin "structură" ("aranjament", "construcție") și de la grecescul "philos" ("prieten"), aceasta presupune plăcerea de a lucra într-o anumită structură, angajatul incompetent care dă dovadă de acest semn va fi obsedat de ordinea și întreținerea clădirii în care lucrează, în detrimentul plăcerii pentru munca în sine.

- **Sindromul fluturașului:** angajatul incompetent ia rareori decizii și le lasă să aștepte mult timp înainte de a fi procesate.

- Tabula **anormală:** de la cuvântul latin "tabula" ("farfurie" sau "masă"), acesta este un semn de incompetență în cazul în care angajatul folosește echipamente de birou neobișnuite și ciudate.

Cu toate acestea, Peter își nuanțează afirmațiile explicând că, din fericire pentru funcționarea modelelor noastre politice, sociale și economice, toate pozițiile din vârful ierarhiei nu sunt neapărat ocupate de angajați incompetenți. De fapt, în această clarificare a principiului, el evidențiază faptul că structura ierarhică a unei organizații este adesea prea mică pentru ca toți oamenii competenți – deși acest lucru nu este un defect prea mare, pentru că altfel ar suferi de defrișare ierarhică – să își atingă potențialul. Cu toate acestea, rețineți că superiorii competenți sunt adesea recrutați de organizații mai mari, unde pot din nou să avanseze până când ajung și ei la nivelul lor de incompetență.

LIMITĂRI ȘI EXTINDERI

LIMITĂRI ȘI CRITICI

Limitele modelului sunt evidente de îndată ce se iau în considerare ipotezele pe care se bazează.

- În prezent, o organizație nu este adesea la fel de simplă ca structura piramidală descrisă de Peter. De cele mai multe ori, un angajat care îi coordonează pe alții nu a fost promovat. Diferitele departamente sunt pe picior de egalitate, cel puțin în teorie. Descentralizarea și responsabilizarea sunt încurajate și există o tendință de a reduce ierarhia verticală directă. Acest fenomen se numește "aplatizarea piramidelor". Poate că este tocmai una dintre modalitățile contemporane de a evita efectele principiului Peter, care își au originea într-o perioadă în care ierarhia era mai rigidă?

- Un post nu mai este înghețat. Dacă un angajat incompetent este numit pe un post și nu își asumă responsabilitățile acestuia, este probabil ca multe dintre funcții să fie atribuite progresiv unui alt post.

- Problema motivației este, de asemenea, problematică, deoarece unele abilități demonstrate de lucrător pot proveni de aici. Într-adevăr, angajatul poate fi eficient la un anumit nivel ierarhic, parțial datorită motivației. Dacă își continuă acest entuziasm, este posibil ca el să dobândească mai ușor noile competențe necesare pentru noua poziție, ceea ce îl face mai eficient.

- Realitatea actuală a cifrei de afaceri este impresionantă, deoarece se estimează că un tânăr care intră pe piața muncii este posibil să își schimbe funcția sau afacerea de aproximativ cinci ori.

- În cele din urmă, cu siguranță cea mai discutabilă ipoteză a lui Peter este aceea conform căreia competența demonstrată într-o poziție este în mod inerent independentă de competența dovedită într-o poziție anterioară. Alți cercetători, cum ar fi fizicienii italieni Alessandro Pluchino, Andrea Rapisarda și sociologul Cesare Garofalo, în articolul lor *The Peter Principle Revisited: A Computational Study*, oferă o perspectivă revizuită a celebrului principiu prin enunțarea ipotezei opuse. Aceștia o numesc "ipoteza bunului simț": competența într-o poziție superioară depinde de competența demonstrată într-o poziție inferioară și este crescută sau scăzută cu aproximativ 10%.

Testarea empirică a incompetenței dezvoltată de Peter poate fi, de asemenea, nesigură. Într-adevăr, simptomele includ atât de multe comportamente diferite încât nu putem, așa cum fac unii, să le folosim ca presupusă dovadă a principiului Peter. Dacă luăm în considerare valoarea nominală a anumitor ipoteze, ne vom confrunta în cele din urmă cu situații de genul acesta: persoana căreia îi place prea mult organizarea sau este prea autoritară este incompetentă, dar persoana care nu este suficient de organizată sau care nu este autoritară este, de asemenea, incompetentă. Dacă excesul este întotdeauna un lucru rău, majoritatea presupuselor simptome pot fi percepute inițial ca fiind calități.

De asemenea, este motivul pentru care un angajat incompetent adoptă aceste atitudini – dar la extrem – pentru a încerca să își ascundă incompetenţa. În concluzie, Principiul lui Peter este neverificabil, iar tonul satiric pe care îl foloseşte în lucrarea sa sugerează că nu are nicio pretenţie ştiinţifică reală.

MODELE ŞI EXTENSII CONEXE

Principiul lui Peter face parte dintr-un set de "legi" de acelaşi tip, mai mult sau mai puţin umoristice, care descriu cu un anumit cinism lumea corporatistă şi a căror rigoare ştiinţifică nu este cea mai mare preocupare. Cu toate acestea, unele dintre ele evidenţiază realităţile dificile cu care majoritatea organizaţiilor trebuie să se confrunte în mod eficient.

Legea lui Parkinson

Printre acestea, se numără în special Legea lui Parkinson (1955), a istoricului britanic Cyril Northcote Parkinson (1909-1993), care afirmă că munca este întotdeauna repartizată pentru a umple timpul de care dispune cel care se ocupă de ea. Prin extensie, ne putem imagina că sunt utilizate toate resursele disponibile pentru proiect, fie că este vorba de timp, bani, forţă de muncă etc. Există două consecinţe care stau la baza acestei legi:

- **Creşterea numărului de subordonaţi.** În cazul în care un angajat nu reuşeşte să finalizeze un proiect, acesta are doar două opţiuni: fie se poate descărca de o parte din muncă, dând-o cuiva care ar putea deveni un potențial rival, fie poate solicita sprijinul subordonaților săi. În cele mai multe cazuri, este aleasă cea de-a doua opțiune, în primul rând pentru a-și proteja poziția și, în al doilea rând, pentru a-și spori importanța. Trebuie remarcat faptul că el se va asigura că are mai mulți subordonați, astfel încât să împartă fiecare sarcină. În acest fel, din moment ce niciunul dintre ei nu este capabil să îndeplinească întreaga sarcină, nimeni nu va deveni un potențial rival.

- **Creșterea volumului de muncă.** Fie că se lucrează cu egali sau cu subordonați, cert este că atunci când lucrează mai multe persoane, volumul de muncă crește. Deseori este nevoie de la fel de mult timp pentru a coordona sarcina ca și pentru a face munca. Cum aproape întotdeauna există cineva în echipă care are probleme în a delega și care își asumă mai multe responsabilități, munca se va rectifica în cele din urmă pentru a se potrivi cu ceea ce ar fi putut produce o singură persoană. În cele din urmă, pentru a produce aceeași lucrare – așa cum ar fi produs o singură persoană – este nevoie de o întreagă echipă dedicată, iar timpul suplimentar a fost cheltuit pentru a coordona toate aceste persoane.

Principiul Dilbert

Vom menționa, de asemenea, principiul Dilbert, derivat dintr-o bandă desenată omonimă a lui Scott Adams (desenator american, născut în 1957). Potrivit acestuia, angajații incompetenți sunt imediat promovați și devin manageri, chiar dacă nu au demonstrat niciodată abilități deosebite. Acest principiu este chiar mai radical decât Principiul lui Peter, deoarece presupune că încredințăm în mod conștient funcții de conducere angajaților incompetenți, astfel încât aceștia să nu poată provoca niciun prejudiciu. Acest lucru presupune, desigur, că managementul este întotdeauna inutil.

În mod similar, putem cita zicala populară conform căreia "cine poate, face; cine nu poate, învață".

Deși nu le putem numi "modele" ca atare – pentru că nu sunt științifice – aceste principii arată o anumită rezistență empirică la performanța teoretică a modelelor economice. Ar trebui să renunțăm la aceste modele – ale căror limite le cunoaștem în realitate – și să luăm în considerare acordarea de promovări la întâmplare?

APLICAȚIE PRACTICĂ

Studiile de caz în care funcționează principiul lui Peter sunt numeroase și în același timp inexistente. Ele sunt numeroase, deoarece fiecare dintre noi reușește cu ușurință să își imagineze o situație în care un angajat incompetent este promovat, recunoscând semnele descrise de Peter în rândul colegilor sau superiorilor noștri. Cât despre a spune că ele dovedesc efectiv incompetența, aceasta este o altă problemă. Este destul de dificil, și majoritatea managerilor de resurse umane știu bine acest lucru, să măsori performanța unui angajat. În mod similar, angajații vor avea adesea tendința de a-și considera superiorul incompetent, deoarece este mai ușor să îi critici pe alții decât să îți asumi responsabilitatea. De cele mai multe ori, literatura de specialitate prezintă cazuri în care se pretinde incompetența, dar care provin din puțin mai mult decât imaginația susținătorilor Principiului lui Peter. În acest sens, exemplele de cazuri reale sunt inexistente.

STUDIU DE CATANIA

În loc să povestească anecdote, Alessandro Pluchino, Andrea Rapisarda și Cesare Garofalo, în articolul lor *The Peter Principle Revisited: A Computational Study*, au preferat să încerce un mod diferit de abordare a modelului în realitate. Aceștia au folosit o simulare pe calculator a evoluției structurii piramidale prin variația ipotezelor de promovare. Articolul lor a scos la iveală rezultate uimitoare, ceea ce le-a adus un premiu Ig Nobel pentru economie, o parodie a premiului Nobel care recompensează cele mai neobişnuite cercetări. Cu toate acestea, studiul lor este totuşi foarte serios, iar natura bizară a rezultatelor întăreşte gândirea şi ipotezele pline de umor dezvoltate de Peter.

Definiția unei organizații fictive

Prin urmare, ei au creat, pe un program de calculator (folosind Netlogo, un limbaj de programare special conceput pentru simularea multi-agent pentru a testa diferite aspecte ale teoriei jocurilor), o organizație fictivă alcătuită din şase niveluri ierarhice (conținând 81, 41, 21, 11, 5 şi, respectiv, 1 agent). Fiecare agent este caracterizat de o vârstă cuprinsă între 18 şi 60 de ani şi de un nivel de calificare de la 1 la 10.

La începutul simulării, vârstele şi nivelurile de competențe sunt determinate în mod aleatoriu pe baza distribuției statistice descrise mai sus.

 **DISTRIBUȚIA STATISTICĂ "NORMALĂ**

O distribuție statistică oferă o probabilitate mare de a obține rezultate apropiate de medie – stabilită arbitrar la 0 pe grafic – şi o probabilitate din ce în ce mai mică pe măsură ce încercăm să obținem un rezultat care se îndepărtează de partea superioară sau inferioară. Aceasta este considerată a fi forma de şansă care descrie cel mai bine realitatea eşantioanelor mari şi, prin definiție, găsim mult mai multe evenimente medii decât evenimente excepționale.

Simulare

Odată stabilită situaţia iniţială, simularea poate începe. În fiecare rundă a jocului, vârsta agenţilor creşte. Fiecare agent care ajunge la 60 de ani dispare, iar golurile sunt completate prin promovarea agenţilor de la nivelurile inferioare. Lacunele de la nivelul cel mai de jos sunt completate prin adăugarea de noi agenţi ale căror vârste şi competenţe sunt determinate aleatoriu.

Atunci când un agent îşi schimbă nivelul, competenţa sa se schimbă şi ea, conform celor două ipoteze testate:

- **Ipoteza Peter.** Noul nivel de competenţă este complet aleatoriu.

- **Ipoteza bunului simţ.** Noul nivel de competenţă prezintă o creştere sau o scădere de maximum 10% faţă de nivelul anterior.

În ambele cazuri, este necesar să se măsoare performanţa globală a sistemului, care corespunde performanţei medii a tuturor nivelurilor. Reţineţi că, cu cât un angajat urcă mai mult pe scara ierarhică, cu atât mai mult ar trebui să crească performanţa sa individuală.

În mod firesc, întrebarea cu care se confruntă cercetătorii este aceeaşi cu care se confruntă orice manager: cine ar trebui să fie promovat? Pentru fiecare ipoteză, cercetătorii au testat trei tipuri de promovare:

- promovarea celui mai bun angajat;

- promovarea celui mai incompetent angajat;

- promovarea unui angajat ales la întâmplare.

Rezultate

Foarte repede, performanţa sistemului a atins un punct de echilibru.

Conform ipotezei bunului simţ, nu există nicio surpriză reală. O performanţă generală bună este obţinută atunci când sunt promovaţi cei mai buni oameni şi o performanţă generală slabă atunci când sunt promovaţi oameni incompetenţi. Promovarea aleatorie nu are un impact major asupra performanţei globale.

Pe de altă parte, dacă ne uităm la ipoteza Peter, o concluzie surprinzătoare – care este opusă celei găsite de cercetătorii italieni laureaţi ai premiului Ig Nobel – este clară: trebuie să promovăm angajaţii incompetenţi. Într-adevăr, dacă mutaţi un lucrător slab la un nivel superior, există o mare probabilitate ca acesta să fie înlocuit de cineva mai bun decât el, majoritatea agenţilor fiind medii. În plus, performanţa lucrătorilor slabi va fi "reluată", extrasă din nou la întâmplare, prin redistribuirea sa, existând o bună şansă de a obţine din nou un rezultat mediu. Iar dacă această şansă se soldează cu un rezultat prost, el va trece totuşi la runda următoare. Astfel, promovarea celor mai incompetenţi angajaţi este concluzia logică în ipoteza Peter. Apoi, ca şi în cazul ipotezei bunului simţ, şansa rămâne neutră. În ceea ce priveşte promovarea celor mai buni angajaţi, aceasta funcţionează exact aşa cum a descris Peter: îi propulsează pe toţi la nivelul lor de incompetenţă, ceea ce face ca performanţa generală să fie defectuoasă.

Concluzie

Prin urmare, fie Peter are dreptate și putem sfătui managerii să promoveze doar pe cei mai slabi angajați, fie acceptăm că competența la un nivel superior este o simplă variație a competenței la nivelurile inferioare, iar promovarea celor mai buni lucrători rămâne soluția preferată.

SFATURI

În general, Peter abordează problema într-un mod prea static și simplist. De ce ar trebui ca competența pentru o anumită poziție să fie considerată o constantă? Dacă sistemul de gestionare a resurselor umane în vigoare este eficient, măsurile de reglementare a performanței ar trebui să fie urmate de interviuri cu funcționarii și de formarea personalului pentru a crește eficiența muncii lor.

Desigur, acest lucru prezintă mai multe dezavantaje:

- În primul rând, avem nevoie de indicatori cheie de performanță relevanți pentru a determina calitatea muncii cât mai obiectiv posibil. În cazul unui vânzător, ar fi suficient, de exemplu, să se măsoare pur și simplu numărul de clienți potențiali care au intrat în magazin (din ce în ce mai multe magazine instalează senzori în acest scop), suma încasată de vânzător și relația dintre cele două. Cu toate acestea, calculul performanței este mai riscant atunci când vine vorba de măsurarea calității muncii produse de un funcţionar public sau de un lucrător de birou. Peter însuşi, atunci când vorbeşte despre incompetenţă, dă impresia că aceasta se bazează mai mult pe un sentiment larg răspândit decât pe indicatori specifici.

- În al doilea rând, un sistem eficient de resurse umane şi de formare este mai dificil de implementat şi mai costisitor decât simpla măsurare a performanţelor angajaţilor și promovarea directă a angajatului potrivit pe baza experienţei anterioare.

Indiferent dacă ipoteza Peter este adevărată sau nu, managerii pot considera ierarhia în două moduri opuse:

- dacă fiecare funcţie şi competenţele aferente sunt clar definite, este mult mai simplu să se implementeze indicatorii cheie de performanţă și să se evalueze performanţa;

- dacă, dimpotrivă, este lăsată în mod deliberat o anumită incertitudine în ceea ce priveşte sarcinile pe care trebuie să le îndeplinească fiecare angajat, este mult mai uşor să se elibereze un lucrător de unele dintre sarcinile pentru care nu este competent, dar acest lucru are un impact considerabil asupra eficienţei.

În plus, este posibil să se asigure o mai mare mobilitate a lucrătorilor prin eliminarea efectului de clichet. Retrogradările sunt mai frecvente decât pare să creadă Peter.

Atunci când ipoteza Peter nu este valabilă

În cazul în care ipoteza Peter nu este verificată, atunci sistemul de bun simț – care presupune promovarea celor mai buni lucrători – instituit de obicei de către organizații este pe deplin eficient. Acesta are dublul avantaj de a-i motiva pe angajați să se străduiască să aibă performanțe mai bune în speranța de a obține o promovare, economisind astfel banii organizației pentru formare, deoarece ei înșiși vor depune toate eforturile pentru a dobândi nivelul de competențe necesar pentru poziția superioară.

Când ipoteza Peter este adevărată

Pe de altă parte, este mult mai problematic dacă ipoteza Peter se dovedește a fi adevărată. În cazul în care sunt promovați cei mai incompetenți lucrători, acest lucru ar trebui să se facă în mod discret, din cauza riscului de a demotiva angajații. De asemenea, este necesar să ne concentrăm pe stimulentele financiare și să ne abținem de la utilizarea sistemului de promovare ca recompensă.

Acest mod de a analiza și de a acorda promovări are limitele sale, deoarece generează costuri semnificative pentru organizație și nu găsește persoana cea mai potrivită pentru postul respectiv.

În cele din urmă, dacă ipoteza lui Peter corespunde realității organizațiilor și dacă efectul de clichet este atât de fix cum crede el, singura soluție reală este de a sprijini angajații cât mai eficient posibil prin măsurarea competențelor necesare, motivarea și formarea lor. Acest lucru costă organizația mult mai mult decât în cazul în care singura competiție experimentată între angajați i-ar face pe aceștia competenți la toate nivelurile ierarhice.

REZUMAT

- Principiul dezvoltat de Laurence J. Peter şi Raymond Hull apare într-o lucrare satirică intitulată *The Peter Principle* din 1969, o perioadă în care întreprinderile, confruntate cu un mediu stabil şi sănătos din punct de vedere economic, vizau creşterea şi dezvoltarea structurii lor şi, prin urmare, gestionau în mod inevitabil promovările.

- Principiul se bazează pe următoarea ipoteză: toate organizaţiile promovează angajaţii competenţi până când aceştia ajung într-o poziţie în care nu mai pot performa în mod competent şi din care nu mai pot fi îndepărtaţi; prin urmare, organizaţia se îndreaptă spre o incompetenţă generalizată.

- Contribuţia revine în principal managerilor, care trebuie să ştie cum să gestioneze deplasările personalului lor pentru a îmbunătăţi performanţa globală a organizaţiei lor. În acest scop, aceştia ar trebui să asigure dezvoltarea competenţelor şi a inteligenţei colective, deoarece nimeni nu este perfect, dar o echipă poate fi perfectă.

- Ipotezele modelului provoacă controverse, în special ipoteza care susţine că abilităţile necesare pentru un nou post nu depind de cele observate în postul anterior.

- Alte legi, inclusiv Legea lui Parkinson privind tendinţa naturală a organizaţiilor de a deveni în cele din urmă ineficiente, înclină în aceeaşi direcţie ca şi Principiul lui Peter.

- Sfaturi:

    - în cazul în care ipoteza Peter nu este valabilă, bazaţi-vă pe bunul simţ şi promovaţi cei mai buni angajaţi;

    - în cazul în care ipoteza Peter este adevărată:

        - promovează cei mai slabi angajaţi fără să facă acest lucru cunoscut;

        - oferă stimulente financiare fără a schimba rolul angajaţilor;

        - să observe fiecare angajat în parte şi să opereze mişcări în cadrul aceluiaşi nivel ierarhic.

LECTURI SUPLIMENTARE

BIBLIOGRAFIE

Blary, J-L. (1999) Le principe de Peter. *Lettre d'ADELI.* Volumul 36.

Delahaye, J-P. (2011) Le principe de Peter. *Pour la science.* Volumul 407, pp. 82-87.

Peter, L. J. și Hull, R. (2011) *Le Principe de Peter ou pourquoi tout va toujours mal.* [ediția ª 2-ª]. Paris: Librairie Générale Française.

Pluchino, A., Rapisarda, A. și Garofalo, C. (2010) The Peter Principle Revisited: Un studiu computațional. *Physica A: Mecanica statistică și aplicațiile sale.* 3(389), pp. 467-472. [Online]. [Accesat la 18 iulie 2014]. Disponibil la: < http://arxiv.org/pdf/0907.0455v3.pdf>

Surse suplimentare

Site-ul *Dilbert* de Scott Adams: http://www.dilbert.com/

Vrem să auzim de la tine!
Lasă un comentariu despre biblioteca ta online
şi împărtăşeşte cărţile tale preferate pe reţelele de socializare!

IMPROVE YOUR GENERAL KNOWLEDGE

IN THE BLINK OF AN EYE!

www.50minutes.com

Editorul asigură fiabilitatea informațiilor publicate,
care nu ar putea însă angaja răspunderea sa.

Master ISBN: 9782808600781
Hârtie ISBN: 9782808602235
Depozit legal: D/2022/12603/224

Design digital: Primento,
partenerul digital al editurilor.